Roni Jost • Der Ahnungslosigkeit ein Ende

RONI JOST

Der Ahnungslosigkeit ein Ende

Illustrierte Lyrik

FRIELING

Bibliografische Information der Deutschen Nationalbibliothek
Die Deutsche Nationalbibliothek verzeichnet diese Publikation in der Deutschen Nationalbibliografie; detaillierte bibliografische Daten sind im Internet über http://dnb.d-nb.de abrufbar.

Rheinstraße 46, 12161 Berlin
Telefon: 0 30 / 76 69 99-0
www.frieling.de
ISBN (print) 978-3-8280-3-3822-6
ISBN (ebook) 978-3-8280-3-3823-3
1. Auflage 2024
Bilder: Archiv des Autors
Covergestaltung: pixabay, iStock

Printed in Germany

INHALT

Roni Jost ist 1969 in Langnau i. E. geboren. Er studierte Betriebswirtschaftslehre in Bern und Neuchâtel und ist als Unternehmensberater und Experte für Unternehmenstransformation tätig.

Roni hat persönliche Erfahrungen und Stimmungen um das Jahr 2021 herum vertiefter in Worte und Bilder gefasst. Daraus ist das Buchprojekt «Der Ahnungslosigkeit ein Ende» entstanden.
«Wenn ich schreibe, dann öffnen sich Türen, und die Welt wird weit, kraftvoll und klar». Dabei ist Roni staunender Bewunderer und aufmerksamer Beobachter zugleich.

Heute lebt Roni in Zürich. Er ist verheiratet und Vater einer erwachsenen Tochter.

In Erinnerung an Christoph,
der unter dem purpurnen Regen zu
‚On the Copacabana' tanzt.

Du fehlst überall.

„Am Ende wird alles gut sein.
Und wenn es nicht gut ist,
dann ist es nicht das Ende."
(John Lennon)

Worum geht es in diesem Buch?

Man kommt auf die Welt, ohne gefragt zu werden. Mit Talenten um die man nicht gebeten hat. Mit einer Persönlichkeitsstruktur, auf die man weitestgehend keinen unmittelbaren Einfluss hat. So fängt es schon mal an. Im Leben das zu tun, was zu einem passt, fällt einigen leicht. Für andere ist diese Aufgabe deutlich kniffliger. Mitunter ist es eine lebenslange Suche, die irgendwann erfolgreich abgeschlossen werden kann – oder auch nicht.

Man vermag in dieser Suche Ähnlichkeiten mit dem buddhistischen Samsara erkennen: der Kreislauf des beständigen Wanderns, des Leidens, des Daseins. Wer es schafft, die drei Tugenden Gleichmut, liebevolle Güte und Einsicht zu erreichen, kann den Zustand des höchsten Glückes, sein persönliches Nirvana, erklimmen. Wer nicht – und das sind wohl die meisten – muss nachsitzen: nur der Körper darf gehen; die Seele aber wird in einem anderen Körper wiedergeboren. Immer wieder. Nur das Nirvana befreit schliesslich die Seele, und erlaubt ihr ein anderes Dasein.

Der Autor selbst hat ein derartiges beständiges Wandern auf dem Kreislauf der Wiedergeburten hin zu seinem persönlichen Nirvana selbst durchlebt. Und es hat einiges gebraucht, bis er verstanden hat, worum es für ihn überhaupt geht. Warum passe ich nirgendwo rein? Warum erkenne ich die wichtigsten Momente im Leben erst, wenn es zu spät ist? Warum meinen es alle gut, aber ich empfinde es nicht so? Warum kommt die helfende Hand immer aus einer anderen Richtung? Und warum ist das Wahre schliesslich immer wunderbar schlicht und einfach?

In diesem Buchprojekt erwachsen aus einschneidenden Phasen eines Lebens prägende Bilder und kraftvolle Geschichten. Und so eröffnet die Poesie mit Nachdruck Antworten entlang der persönlichen Samsara Wanderetappen: vom Zustand der Ahnungslosigkeit, über das Erwachen, bis hin zum Befreit-Sein.
Sodann gliedert sich das Buch in folgende drei Abschnitte:

1. **Zustand der Ahnungslosigkeit:**
   Das Dasein ist zumeist geprägt von nicht wissen, nicht verstehen. Dinge tun, ohne sich bewusst zu sein, warum und wozu. Vieles geht von allein. Oberflächliches Lernen. Erfolge ohne Erfüllung. Zunehmende Unzufriedenheit, ohne zu wissen warum. Energie im Wechselbad.

2. **Erwachen:**
   Gefühltes Vom-Weg-Abkommen, zunehmendes Sich-verlieren, letztendlich freier Fall. Energie auf dem Tiefpunkt. Erst mit dem metaphorischen Crash erwacht Achtsamkeit. Zugang finden können. Jetzt erst wird tiefgründiges Lernen möglich. Nicht sterben wollen, nicht sterben dürfen. Warum auch immer.

3. **Zustand des Befreit-Seins:**
   Erst durch das Erwachen gedeiht Erkenntnis. Und nicht nur die eine. Viele! Mit einer Klarheit, die das eigene Leben überraschend einfach zeigt. Ohne Lärm und Nebel. Plötzlich liegt es auf der Hand. Entspannung stellt sich ein. Pure Dankbarkeit. Die Energie ist auf 1000 Prozent. Sich erlauben, sterben zu dürfen. Aber man muss ja nicht gleich!

Jeder Mensch hat einen eigenen Weg zu gehen. Dieses Buch stellt keinen Anspruch darauf, Vorbild oder Lehrmeister für die Leser*innen zu sein. Es beschreibt eine gewissermassen magische Entdeckungsreise des Schreibenden - und warum sollte Magie nicht für alle Leser*innen möglich sein? Das Buch liefert Denkanstösse und will aufzeigen, dass es nie zu spät ist, das zu finden, was zu einem passt. Dass es sich lohnt, danach zu suchen. Und dass - wenn der Autor das schon kann – jede*r seinen Weg zu seiner individuellen Glückseligkeit finden kann.

ABSCHNITT 1

AHNUNGSLOSIGKEIT

Winde zeigen den Weg.
Die Welt ist ohne Grenzen.
Alles ist wichtig.
Kein Weg ist zu weit.
Die Anerkennung ist groß.
‚Falsch' gilt nicht.
Und doch liegt etwas quer.

Sag, wo gehörst du dazu?

Die Glocke klingelt.
Die Stunde ist aus.
Die Schulklasse löst sich auf
in kleine Gruppen von Kindern,
die lachend davonspringen.

Hat jemand gerufen?
Vielleicht habe ich es überhört.
Natürlich nicht.
Unsichtbar.
Unter Potters Tarnumhang.
Keiner hat mich gesehen.
Schon gar nicht vermisst.

Sag, wo gehörst du dazu?
Die Frage kommt mir erst viel später.
Damals allerdings ging es nur
um Anschluss
an eine Gruppe,
in die ich reinpasse.
Gesucht: lange.
Gefunden: nie.

Als Fremdling
gehört man nicht dazu.
Da steht man.
Außenseiter.

Der Kreis ist eng,
und du bist draußen.
Keine Rose für dich.
Du gehst allein.

Bist du ein Einzelgänger
im Dschungel der Stadt?
Oder gar ein schräger Einsiedler?
Endest du als Eremit im Wald
und verlierst gar den Verstand?

Du bist nicht konform.
Was dich abgrenzt,
definiert dich.
Willst nicht das tun,
was die anderen tun.
Du bist du.

Irgendwann gebe ich auf.
Denn es fällt mir nichts mehr ein.

Dann irgendwann dies:
Tue ich das,
was mir Spaß macht,
treffe ich auf Leute,
die auch mich suchen.
Sie sehen mich anders
und lachen mit mir.

Doch ziehe ich ihren Trainingsanzug an,
merke ich schnell:
Das fühlt sich nicht gut an.
Kann ich mit dir lachen,
ohne deiner Truppe anzugehören?

Für mich schließt sich der Kreis,
wenn ich nahe bei mir selbst bin.
Denn ich bin ein Individualist.
Ich kann mit vielen,
will aber nicht müssen,
um keinen Preis.

Mit der Zeit habe ich gelernt,
es kommt für mich nicht darauf an,
wo ich dazugehöre,
sondern vielmehr darauf,
was ich tue.

So gehöre ich
quasi zu mir selbst.
Seitdem ich das verstehe,
werde ich gesehen.
Jemand hat gerufen?

Wo niemand dazugehören muss,
kann jeder er selbst sein.
Auf geht's.
Zu den Dingen,
die mir Spaß machen,
und wo anders gut ist.

Schwelle eines Lebens

Die Türe knarrt.
Unsere Köpfe wenden sich im Chor.
Der Mathelehrer tritt heraus.
Er grinst laut:
Ihr habt bestanden!

Eine lange Nacht,
und doch so kurz.
Die Augen müde,
das Gemüt leicht.
Endlich!

Jugendliche Spannung,
erlöst durch die jähe Ankündigung.
Jubelschreie erklingen.
Der Abschluss ist geschafft!

Wenn ich heute so daran denke,
an diesen Moment
als 19-Jähriger damals,
auf der Treppe vor dem Gymnasium,
dann erinnere ich mich nicht,
ob ich einen Laut fand,
geschweige denn Worte.

Es ist vollbracht!
Doch wirklich auch ich?

Vielleicht hat der Mathelehrer übersehen,
dass ich auch dabei bin,
und fälschlicherweise …

Aber eigentlich weiß ich es ja:
Du auch!
Reine Glückseligkeit.
Meine Hände falten sich
in aufrichtiger Dankempfindung.
Verweilen.

Meine Gedanken sind bei mir.
Du Mensch, den ich neu entdeckt habe.
Wo warst du all die Jahre?
Hattest dich versteckt und gewunden.
Dich gezeigt im bedeutsamsten Moment.

Ein Zeichen gesetzt.
So stark wie ein Höhenfeuer
und zu allseitiger Verwunderung.
Weithin sichtbar.
Nicht so sehr das Was,
sondern das Wie.
Keiner hätte das so erwartet.
Du zuletzt.

Zeichen eines Aufbruches.
Erkenntnis erwacht.

Getragen von einer hellblauen Wolke.
Kraft, Mut und Zuversicht.
Gefunden tief drin.
Einfach so.
Einfach so?

Stand vor dem Aus.
Gleichgültigkeit auf dem Weg ins Nichts.
Alle sahen es.
Doch du hast das Blatt gewendet.
Sag, was trieb dich wirklich an?
Und wie konntest du wissen …?

Meine Hände öffnen sich langsam.
Ein Blick in meine Vergangenheit –
was mich hierhergeführt hat.
Ich sehe mich zurückweichen,
näher zur Wand.
Im Rückwärtsgang.
Auf den Trümmern meiner Träume.
Über die Scherben meiner Jugend,
klebend an blutenden Füßen.

Verflucht sei das Warum und das Wieso.
Was ist, ist.
Und irgendwann steh ich mit dem Rücken zur Wand.
Und es geht nicht mehr weiter.
Bloß fallen noch

auf den kalten Boden
oder stattdessen vorwärts in den Schmerz.

Ich weiß nicht, woher er kommt.
Der eisige General.
«Ich habe einen Plan», schnauzt er.
Der Weg führt über den Kopf.
Herz und Bauch, schweigt still.

Nach vorn führt der Weg.
Was ich heute investiere,
reicht nicht.
Mehr Verpflichtung, mehr Opfer.
Mehr.
Besser.
Kleine Schritte gehen.
Strukturieren und planen.
Es gibt keine Abkürzung.

Aber auch taktieren.
Von hier aus, wo ich stehe,
ist nicht alles möglich.
Eins opfern.
Punkten anderswo.

Ruhe finden und Konzentration.
Auf den nächsten Schritt fokussiert.
Showtime.

Die nächste Prüfung zählt.
Gelassen bleiben.
Nichts ist gewonnen, nichts verloren.
Abgerechnet wird am Schluss.
Auf der Treppe vor der Schule.

Habe auf meinen Plan vertraut.
Ihn Schritt für Schritt befolgt.
Mich nicht irritieren oder ablenken lassen.
Bin nie in Panik verfallen.
War immer bei mir.
Habe die Puzzleteile zusammengefügt.
Teil für Teil.

Am Schluss ist das Puzzle vollständig.
Und da sitze ich nun auf der Treppe.
Ich weiß unbewusst,
es bedeutet mehr, als ich mir vorstellen kann.

Erstaunte Freude.
Der Deutschlehrer
mit seinen vielen vorbereiteten Fragen,
die er alle nicht benötigte.
Genauso wenig wie die anderen.
Denn ich hatte viel zu erzählen,
mehr als in all den Jahren.
Nur der Mathelehrer,
der brauchte sie alle.

Habe in den Prüfungen kunstvoll Worte geschmiedet,
die ich vorher noch nie geschrieben sah.
Frech Fehler entdeckt in den Aufgabenstellungen.
War mir so sicher.
Nie gezweifelt.
Gewagt, gewonnen.
Es fiel mir so leicht.

Habe entdeckt,
was ich nie im Spiegel gesehen hatte.
Ruhe und Gelassenheit.
Abgeklärtheit und Coolness.
Hartnäckigkeit und Mut.

Wie wenig konnte ich erkennen,
wie bedeutungsvoll diese Entdeckungen
für mein späteres Leben sein würden.
Und auf der Treppe vor dem Gymi
öffnen sich meine Hände auch ein wenig für die Zukunft.
Dahin, wo mein Weg mich hinführen wird.

Und so führt mich mein Kopf
über die Schwelle
vom Gestern ins Morgen.
Und ich erkenne trotz aller Freude nicht,
dass Herz und Intuition
auf der Strecke bleiben.

Doch Jahre später denke ich
an diesen 19-Jährigen.
Sehe das Gute wie auch das Schlechte.
Und auch wenn ich diese eine Schwelle
nie mehr neu überschreiten kann,
so kann ich mich doch wieder auf diese Treppe setzen
und mit der Erkenntnis meines Ichs
tausend neue Schwellen überschreiten.

Bis ans Ende der Zeit

Haben uns im Magnetfeld getroffen.
So war es bestimmt.
Himmlische Kräfte haben uns gebunden.
In ihrer Umarmung schwingen wir noch.

Ein leeres Blatt bemalt
mit bunten Farben und Bildern.
Gemeinsam zum Leben erweckt.
Es fiel uns so leicht.

Wir teilten so vieles.
Die Zeit ward nie lang.
Es knistert noch immer.
Funken sprühen manchmal auch.

Haben in Paris gesungen,
uns nach Hause gelacht.
Auf siebenhundert Inseln getanzt.
An der eisigen Küste die Zeit angehalten.

Der Alltag hat uns viel gekostet.
Aber wir waren füreinander da.
Des anderen Alltagstränen getrocknet.
Singende Vögel im Baum bewundert.

Wurden mit einem Geschenk beglückt.
Vollendung des goldenen Lebenskreises.

Zu zweit geflochten.
Man kommt nicht als Eltern zur Welt.

Sind dennoch so verschieden.
Ein Leben lang
war ich der, der suchte.
Du diejenige, die fand.

Immerzu sah ich dich genau das haben,
was du benötigt hast.
Während ich nach etwas strebte
und es doch nie fand.

Du bist die Sonne,
umworben von Planeten.
Du erfreust strahlende Blumen
und wärmst kaltnasse Gemüter.

Habe dich zeitlebens dafür beneidet.
Jedoch erfreute es mein Herz.
Denn du warst glücklich.
So erträumte ich es mir.

Das Leben wird uns nun wohl vieles nehmen.
Und doch mag es uns gut gesonnen sein.
Indem wir nicht aufhören, gemeinsam zu säen,
werden Sonnenblumen in prunkvollen Farben erstrahlen.

Und ich kann es richtig spüren.
Eine Türe öffnet sich weit.
Auch ich kann einen Weg finden.
Wenn du bei mir bist.

Vor uns ein leeres Blatt Papier.
Es macht mir nicht Angst.
Gemeinsam werden wir es füllen
mit bunten Abenteuern
bis ans Ende der Zeit.
Darauf freue ich mich.

Alle meinen es gut

Als junger Erwachsener
gehe ich allein.
Das ist O. K.
Meistens.
Und doch spüre ich tief in mir,
da fehlt so einiges.

Finden sich zwei,
so richtig mit Blitz und Lichtzauber,
dann fühlt es sich ganz anders an.
Wolke sieben.
Neue Sphären.

Zu zweit ist man nie allein.
Alle meinen es gut.
Und man will es allen recht machen.
Das Leben nimmt seinen eigenen Lauf.
Nicht immer ist alles gut.
Gefühl versus Verstand.
Zumindest kann man abgrenzen.
Manchmal lacht nur der eine,
und der andere weint still.

Ein Stern geht auf.
Drei sind viel mehr als zwei.
Hat ein Kreis Kanten,

wird er vielleicht runder
im strahlenden Sternenlicht.

Alle meinen es gut.
Und man will es allen recht machen.
Zumindest kann man abgrenzen.
Manchmal lacht nur der eine,
und der andere weint still.

Haben entschieden,
eine Bürde zu tragen.
Aber die Rechnung bezahlen nicht wir.
Ein Komet hat seinen eigenen Weg,
den er erst selbst finden muss.
Was wir ihm in die Wiege legen,
ist Gabe und Bürde zugleich.

Nun hast du es in der Hand.
Musst es nicht allen recht machen.
Musst nicht abgrenzen.
Manchmal können beide lachen.

Der letzte Moment

Sitzen an deinem Bett.
Es ist mir so fremd.
Vier sich fremde Männer in einem Zimmer.
Medizinische Apparate,
Schrille Töne.
Spitze Stiche in meinen Ohren.
Besucher mit bedrücktem Gesichtsausdruck.
Geflüsterte Gespräche.
Emsige Pflegerinnen.

Du solltest nicht hier sein.
Der Eingriff versprach Heilung
und schenkte doch nur Unheil.
Verflucht sei er.
Ich brachte es nicht über meine Lippen.
Du wusstest es dennoch.
Eine Lüge schlich durch den Raum.
Zu greifbar.

Deine Sauerstoffmaske macht mich nervös.
Ich kann nicht verstehen,
warum.
Worte sind schwer zu bilden.
Dir fehlt der Atem
und mir der Mut.
Wir denken sie bloß.
Was würde es auch bringen.

Ich sitze auf dem Stuhl
am Bett neben dir.
Ich schaue auf die Uhr.
Meine Gedanken wenden sich dem Zugfahrplan zu.
Wenn ich in einer Viertelstunde losgehe,
erwische ich noch den frühen Zug.
Es wird noch andere Tage geben.

Dein Blick ist ungewohnt scheu und unsicher.
Ein Reh auf nächtlicher Straße,
gefangen im grellen Scheinwerferlicht.
Von unten herauf findet dein Blick meine Augen.
«Singst du mir ein Schlaflied?»

Meine Augen weiten sich.
Ungläubig schaue ich dich an.
Ich habe das Reh verängstigt.
Du meinst es ernst.

Sechsundsechzig Jahre.
Wie kindisch das wäre.
Ich lächle gequält.
Winke schließlich ab.
Zum Abschied eine Umarmung.
«Schlaf gut.»

Ich stehle mich weg.
Zum Bahnhof.

Weg von hier.
Hin zum Leben.
Die kühle Nachtluft lässt mich wieder fühlen.
Ich lasse dich zurück
Allein an diesem kalten Ort.

Es war das letzte Mal,
dass sich unsere Blicke trafen.
Nimmer wieder wirst du mich um etwas bitten.
Ein unschuldiges Reh.
Der kalten Straße überlassen.

Es vergeht kein Tag,
an dem ich nicht darüber sinne,
was dir dieses Schlaflied bedeutet hätte.
Und was von unglaublicher Wichtigkeit
ich so augenblicklich zu tun gehabt hatte.
In jenem letzten gemeinsamen Moment.

Mein Wind

Irgendwann überfiel mich die Kühnheit.
Auch ich könnte doch etwas erschaffen.
Von großer Tragweite und Bedeutung.
So wie ein guter Gott es nur kann.

Lange brütete ich darüber.
Bewegend sollte es sein.
Berührend.
Mitreißend.
Atemberaubend gar.
Sichtbar für alle.
Sehen, fühlen und hören.
Schließlich stand mein Entschluss fest:
Ich erschaffe einen Wind!

Ich malte mir einen Wind aus,
der hoch am Himmel steht.
Nahe bei der Sonne.
Voller Wärme und Eleganz.
Harmonisch und voller Strahlkraft.
Verlässlich und bescheiden doch auch.

Ich erschuf einen tropischen Ostwind.
Der Passatwind gedieh und wuchs.
Gewann an Selbstvertrauen und Mut.
Stieg hoch federleicht.

Seine Arme verwöhnten die Erde mit Wärme.
Sein Atem zauberte ein Lächeln auf feste Gesichter.

Mein Passatwind wurde all das,
was ich mir ausgemalt hatte.
Voller Stolz betrachtete ich ihn.
Und fand mich wahrlich außergewöhnlich
als verkannten Schöpfer.

Über die Zeit stachen mir seine vielen Talente ins Auge.
Mein Passatwind konnte Wolken verschieben
und Regen streuen.
Antrieb darbieten
für Windräder, Kitesurfer und Drachensteiger.
Frischluft in verschmutzte Städte tragen.
Der Himmel war seine Spielwiese,
zum Wohlgefallen der Menschen auf der Erde.

Gleichzeitig wuchs in mir die Erkenntnis,
dass mein Passatwind nicht gleichermaßen
seine Talente schätzte.
Denn er gab sie leichtfertig weg.
Schenkte sie in seiner Großzügigkeit
anderen Winden zur Freude.
Ließ sie in seiner Hostentasche stecken.
Worauf man keine Lust hat,
darauf kann man verzichten.

Und ich fing an darüber nachzugrübeln,
mein lieber Wind,
was wohl dein inneres Feuer sei.
Aber du hast ja Zeit im Überfluss.

Alsbald jedoch
zerbrach deine Leichtigkeit.
Unerwartet.
Ließest Himmel und Erde mal einfach kurz hängen.
Nicht verlässlich wie einst.
Kein Bock.
Keine Energie.
Erschlafft und planlos.
Mit Windlöchern schmückst du dich nunmehr.

Einem Roboter gleich
drängst du dich voran.
Dem Äquator entgegen.
Ich dachte mir nichts dabei,
als du dort verharrtest.
Bei direktester Sonneneinstrahlung
und großer Lufterwärmung.
Gelandet in der äquatorialen Tiefdruckrinne.
Vivaldis Geigen seufzen
und verschmelzen mit deiner Bedrücktheit.

Ohne inneren Zwang bist du verstummt.
Mein Passatwind singt nicht mehr.

Säuselt nur noch dünn.
Geschrumpft – man sieht dich kaum.
Du fühlst dich nicht wohl hier.
Und nicht bei dir selbst.
Mein Wind lebt oder ist tot.
Wer kann das noch sagen.

Hast in den Spiegel geschaut.
Dein Lachen und Singen fehlen auch dir.
Willst es nicht zulassen.
Richtest dich auf.
Energie fließt langsam.
Du verspürst neues Leben.
Nimmst wieder Fahrt auf
und steigst hoch.
Du bist es, mein Passatwind.
Und doch bist du es nicht.
Passatwind 2.0.

Du ziehst weiter,
gemäßigteren Zonen entgegen.
Wehst jetzt aus Westen.
Experimentierst.
Kalt und warm.
Stark und schwach.
Links, rechts.
Regeln gibt es keine mehr.
Wild, brüllend, kreischend, laut.

Im Zentrum der Welt.
Nur du zählst.
Du hast zum Westwind mutiert.

Ziehst weiter und weiter.
Plötzlich wird es kalt.
Eisig wehst du nun
durch Haus und Hof.
Einem Polarwind gleich
bringst du eisige Kälte.
Trägst sie in dir.
Verströmst sie gleichermaßen.
Kalter Fisch.
Ausdruckslos.
Rede mit mir!

Versteckst dich
hinter Kälte und Dunkelheit.
Schutz vor allem und jedem.
Möge dich niemand wahrnehmen.
Unsichtbar wie eine Fledermaus.
Steigst aus deiner Gruft.
Dunkler Ritter, ich fürchte dich.

Es wird Herbst.
Che Guevarra hat sein Gewehr im Anschlag.
Die Weltrevolution ist deine Mission.
Du peitschst durch die Straßen.

Fegst sie leer.
Hebst Dächer von den Häusern.
Stößt Autos um.
Lässt Menschen taumeln
und Hunde ersaufen.
Willst weh tun.
Staub fressen wir alle.
Niedergetrampelt.
Taifun, habe ich dich erschaffen?
Ich liebe dich – und doch tust du mir nicht gut.

Leben ist Wandern.
Und so wanderst du weiter auf deinem Weg.
Machst dir den Himmel zu eigen.
So langsam verstehe ich,
dass nicht ich dich erschuf.
Bloß die Gelegenheit,
damit du dich selbst gestalten könnest.
Das hast du auch getan – und tust es weiter.

Wie töricht von mir zu wagen,
dir einen Namen zu geben.
Mir anzumaßen,
auch im Ansatz nur mir auszumalen,
wer du bist und was du werden könntest.

Ich lasse dich los
und verneige mich in tiefer Demut

vor dir und deiner Sprengkraft.
Du wirst mehr sein,
als ich je war.
Mein Blick folgt dir am Firmament,
in gespannter Erwartung
deiner weiteren Wanderung
und deines Wirkens.

Und ich lächle bei dem Gedanken,
dass all dies gar nicht möglich wäre,
hätte es mich nicht gegeben.
Bist halt doch ein bisschen
mein Wind.

Von den Dingen, die nicht passen

Es war an einem Sonntagabend,
als ich es bemerkte.
Einen Film schauen.
Die Auswahl lockt mich nicht.
Selbst habe ich auch nichts beizutragen.
Unmut über den Miesepeter.
«Immer du.»

Warum «immer ich»?
Es ist nun mal so.
Mich interessiert gerade kein Film.
Das war nicht immer so.
Und da weicht der Nebel.
Es geht nicht um den Film.
Verstricktes Wollknäuel,
und ich halte zufälligerweise
grad dessen Ende in der Hand.

Filme schauen packt mich nicht.
Schon eine ganze Weile
nicht mehr.
Genauso wenig wie Bücher lesen.
Die interessieren mich zwar.
Ich kaufe sie sogar.
Aber ich lese sie nicht.
Schon nach den ersten Seiten gerate ich ins Stocken.

Ein Dutzend Bücher begonnen.
Keines zu Ende gelesen.

Mein Freund, wie hast du es denn mit der Musik?
Ich finde keine Musik,
die ich grade hören mag.
Probiere vieles aus.
Weiterspringen.
Lasse es schließlich ganz bleiben.
Gehe stattdessen spazieren.
Weiß nicht, welchen Weg nehmen.
Kehre wieder um.
Finde auf dem Heimweg ein Lokal.
Setze mich an einen Tisch.
Bestelle einen Kaffee.
Der schmeckt nicht.
Lasse ihn stehen und gehe.

All diese Dinge, die ich tue.
Zu lang oder zu kurz.
Zu langweilig, zu intensiv, zu hektisch.
Zu schnell oder zu langsam.
Nicht zur rechten Zeit.
Und sicher am falschen Ort.
Alles, was ich tun will,
ich kann es nicht erzwingen.
Sie passen mir nicht.

Irgendwann drängt sich mir der Gedanke auf,
dass, wo ich grad bin,
ich mich gar nicht wohlfühle.
Das Schlafzimmer zu dunkel und eng.
Das Wohnzimmer zu laut.
Das Homeoffice zu einengend.
Das Büro zu fremd.
Das Tram zu überfüllt.
Der Wald zu still.

Ich folge dem Wollfaden weiter.
Was immer ich tue,
passt mir nicht.
Aber das Wollknäuel zeigt sich immer verstrickter.
Auch ich passe nirgendwo rein.
So viel Faden abgewickelt.
So vieles, das nicht passt.

Der verbleibende Knäuelknoten wehrt sich.
Wie könnte es anders sein.
Mein Hals trocken.
Als ich schließlich feststelle,
dass sich in der Welt da draußen
rein gar nichts geändert hat.
Die Dinge sind immer noch gleich.
Und genauso die Orte, die ich aufsuche.

Es überkommt mich mit Schrecken.
Das Einzige, was nicht passt,
kann niemand anderes sein
als ich selbst.
Ich passe nicht!
Nicht mir selbst.

Ich stehe auf dem Gehsteig
und frage mich,
was sich ändern müsste,
damit die Dinge wieder passen.
Ich bin nicht der, welcher ich war.
Und überhaupt, wie ändere ich mich,
sodass ich mir wieder passe.
Wieder in die Orte passe, die ich aufsuche.
Wieder Dinge tue, die mir passen.

Wenn ich es jetzt nicht finden kann,
dann übe ich mich in Geduld.
Ausharren.
In der Erkenntnis,
dass nichts, was ich tue, mir passt.
Dass ich nirgendwo hineinpasse.
Ich mir selbst nicht passe.

Wenn ich es nicht selbst finden kann,
dann findet es vielleicht mich.

An einem glücklichen Tag,
an dem irgendetwas Kleines anders ist
als an all den unglücklichen Tagen zuvor.
Damit endlich die Dinge
wieder anfangen können zu passen,
und auch ich wieder hineinpasse
in die Orte, die ich aufsuche.
Damit ich mir wieder genüge.

Sonnenstrahlen durchbrechen die Wolkendecke.
Ich schaue zum Himmel
und betrachte den Feuerbusch auf dem Dach.
Wie er durch die Sonnenstrahlen erleuchtet wird.
Erstrahlt in flammendem Rot.
Und mir ein Lächeln auf die Lippen zaubert.

Abschnitt 2

ERWACHEN

Die Straße ist nur ein schmaler Pfad.
Die Welt erscheint plötzlich so klein.
Nichts erscheint wichtig.
Und alles ist zu viel.
Doch was sonst?
Anerkennung reicht nicht.
Ein Gedanke auf der Flucht
lässt sich nicht denken.

Was willst du?

Sag mir, was ist es, was du willst?
Der Fremde überrascht mich.
Ich will helfen.
Nein, entgegnet er.
Du willst Verantwortung tragen.

Ich habe dich beobachtet, Taugwalder.
Bei der Vorbereitung unserer Expedition.
Bei der Durchführung der Bergbesteigung.
Wie du das Wetter gelesen hast.
Das Material geprüft und gehandhabt.
Wie du die Seilschaft gemustert hast
und sie dann nach Bedarf gestützt.
Deine Rücksichtnahme für die Bergwelt.
Deine Empfehlungen an den unwissenden Auftraggeber,
die dieser fast allesamt ausschlug.

Der Brite hatte viele Worte.
Du hast ihm nur wenige entgegengesetzt.
Doch wer diesen Berg je wirklich bestiegen hat
bist allein du, Taugwalder.
Der Einzige in der Seilschaft.
Der Auftraggeber fand kein Gehör für dich.
Und du keine Worte, um ihn zu überzeugen.

Ich habe dich beobachtet, Taugwalder.
Als deine Empfehlungen ins Leere schlugen.

Dir ging es nicht gut.
Hast mit dir gekämpft.
Zweifel auf deiner Stirn,
Schmerzen in deiner Brust.
Der Erfolg der Expedition am Schwinden.
Die Sicherheit von Leib und Leben in Gefahr.
Das Heil der Bergwelt mit Hochmut getreten.

Dir ist es nicht egal.
Es bedeutet dir viel.
Es geht um etwas.

Helfen heißt, das tun, was andere von einem abrufen.
Seine eigenen Erfahrungen und Interessen raushalten.
Den Rücken krumm machen,
die anderen reden lassen.
Vor allem nicht der Experte sein.
Das eigene Ego zurücknehmen, ja das auch.
Aber umso mehr dasjenige der anderen bedienen.

Verantwortung übernehmen
heißt, sein ganzes Selbst in die Waagschale werfen.
Experte sein,
wo man einer ist.
Anderen zuhören,
wo man keiner ist.
Für die Sache
sich einsetzen.

Nicht für das Ego.
Weder das eigene
noch dasjenige der anderen.
Sich nicht gefangen nehmen lassen
von den eigenen Emotionen.
Über den Dingen stehen.

Du, Taugwalder, schaust hin.
Vielleicht wolltest du früher bloß helfen.
Aber heute
ist deine Erfahrung reich,
und dein Herz ist voll.
Du musst dich entscheiden.
Willst du helfen oder Verantwortung übernehmen?

Die Seilschaft weiß, dass du der Fachmann bist.
Nimm die Verantwortung wahr.
Suche und finde die Worte,
die notwendig sind.
Sei nicht 0815.
Sei bedeutsam.

Versäumtes Paradies

Sanft schmiegen sich Wellen an den Strand.
Feinkörniger Sand erwärmt von heißen Sonnenstrahlen.
Vögel tanzen zwitschernd mit den Passatwinden.
Mein Blick folgt ihnen
an Palmwedeln und Kokosnüssen vorbei,
bis die Sonne mich blendet
und ich meinen Blick abwenden muss.
Hin zum Meer, das sich geruhsam
in strahlender Azurbläue vor mir ausbreitet.
Angelehnt an den Stamm einer Palme,
schließe ich meine Augen und genieße.

Das Paradies war nicht immer unser Zuhause.
Lange schon haben wir verdrängt,
dass wir nur durch Zufall hier gelandet sind.
Gestrandet – denn der Zufall war ein Unglück,
an das wir nicht mehr denken wollen.
Ein Gefühl von Leichtigkeit
löste irgendwann die Verunsicherung ab.
Wir haben uns daran gewöhnt.
Ein Gefühl von Normalität hat sich eingestellt.
Wir sind zusammen hier.
Und alles ist gut so.

Am Anfang war es nur eine Auffälligkeit.
Eine Beobachtung anhand des einen Felsens,
der da draußen aus dem Wasser ragt
und mich optisch immer
an zwei gefaltete Hände erinnert.
Ich meinte, früher deren Handgelenke
sehen zu können.
Aber heute sind diese Handgelenke weg.
Verschluckt vom Meeresspiegel.

Erst zweifelte ich.
Aber über die Tage hinweg
und nach intensivierter Prüfung
bin ich mir nun sicher:
Das Wasser steigt!
Oder die Insel sinkt?

Meine Gedanken steuern mich
in eine Angst hinein.
Ein schrecklicher Verdacht.
Dies ist unsere einzige Insel,
und sie dürfte nicht das Paradies sein,
wie wir meinten.
Wir werden mit ihr untergehen!

Ich suche die Aufmerksamkeit meiner Mitbewohner.
Sie sind beschäftigt.

Ich rufe, um sie zu alarmieren.
Sie hören mich nicht.
Ich schreie.
Ich renne auf sie zu.
Packe Tasha am Arm.
Meine Hand greift ins Leere.

Lachend stehen meine Mitbewohner im Kreis.
Zeichnen mit blumigen Worten
die Zukunft des Paradieses in den Himmel.
Begeistert von der eigenen Vorstellungskraft
feiern sie ihre Vision.
Letztendlich nur eine Illusion.
Wie ich als Einziger weiß
und nicht zu verstehen geben kann.

Ich tue mich schwer damit.
Dränge mich in ihre Mitte,
mache mich sichtbar,
ringe um Gehör.
Versuche das Notwendige greifbar zu machen.
Bringe Lösungsvorschläge.
Versuche zu mobilisieren.
Kann es letztendlich aber nicht erzwingen.

Hoffnungslosigkeit nimmt Besitz von mir
ob meines nutzlosen Tuns.

Als ich mit Schrecken wahrnehme,
dass meine Füße nass sind.
Ich stehe im Wasser.
Das Meer hat die Insel schon geflutet.
Unvermittelt werde ich still.

Erbärmlich fühle ich mich.
Bedeutungslos mein Unterfangen,
das Paradies zu retten,
das nie eines war.
Ich kann die Insel nicht retten
und bin nun verflucht, mit euch unterzugehen.

Hier stehe ich im ‚Paradies'.
Das Spiel zu spät durchschaut.
Ich habe es verpasst,
der Farce die Fratze zu entreißen.
Einen Weg zu finden.
Dafür einzustehen
und konsequent voranzugehen.

Jetzt muss ich untergehen.
Wie wir alle
habe ich zu wenig unternommen.
Den Moment nicht gepackt.
Versäumtes Paradies.

Dunkler Raum

Wieder
stehe ich vor der Tür.
Hoch und weit.
Nachtwandlerisch.
Die Seele wiegt schwer.
Das Herz pocht.
Der Atem stockt.
Heute bin ich stark.
So denke ich mich bereit.

Die Türe öffnet sich.
Ich betrete den Raum.
Halbdunkel.
Undefinierbarer Geruch.
Mein Magen ist hier nicht zu Hause.

Stimmen.
Meine Zeit ist gekommen.
Ich habe einen Plan.
Ich weiß, was ich will.

Aus Stimmen entsprießen Worte.
In den Himmel erhebend.
Zu hoch.
Worte, die besänftigen.
Versteckte Botschaften.
Ich spüre, es tut mir nicht gut.

Kann mich nicht erklären.
Fühle mich unverstanden.
Verzweiflung hüllt mich in ihren Mantel.
Der Schmerz wächst.
Süß und sauer.
Kann nicht mehr unterscheiden,
was überwiegt.
Bedrängnis.

Die Stimmen werden lauter
und vervielfachen sich.
Chöre, die singen.
Worte verschwimmen.
Verschmierte Bedeutung.
Ich ... verstehe nicht!

Der Raum ist düster geworden.
Schemenhafte Gestalten.
Die Stimmen nunmehr dumpf.
Der Raum verschluckt mich.
Ich verliere mich selbst.

Mein Plan. Mein Plan!
Kann ihn nicht mehr greifen.
Versuche die Gedanken zu ordnen.
Kann die Argumente nicht finden.

Was hatte ich bloß gewollt?
Und warum war es mir so wichtig?
Kein Zugriff mehr.
Festplatte gesperrt.

Der Schmerz ist ein Berg.
Unverrückbar.
Groß, kalt und hart.
Mit einem Gipfel aus rosa Zuckerwatte.
Schwarze Rosen gleiten durch die Dunkelheit.
Landen sanft in meinen Armen.
Wehmut pustet die Verzweiflung weg.
Da werde ich auf einmal still.

Der Türgriff in meiner Hand.
Wie von selbst gibt er nach.
Die Tür springt auf.
Rausgespuckt.
So stehe ich nun da
im grellen Tageslicht.
Meine Augen geblendet.
Aus der Dunkelheit
ins Nichts.

Ein Traum nimmt Abschied.
Lässt mich weit zurück.
Leer und ohne Sinn.

Erinnere mich nicht,
was vorher war,
was jetzt ist.
Und was nun?

Oft schon
war ich in diesem dunklen Raum.
Er ist nie gleich,
und doch fühlt er sich so an.
Mein Plan war wohl durchdacht.
Und doch nicht klar genug,
um den Raum mit Licht zu fluten.
Erbärmlich.
Ich verstehe es nicht.

Entschwinden

Über das Parkett tanzen.
Mein ganzes Selbst einbringen.
Schrittfolgen zeichnen.
Der Musik eine Melodie geben.

Ich tue es mit einem matten Lächeln.
Wer mich gut kennt, weiß es,
meine Energie ist gebremst.
Spürbar.

Meine Seele wiegt tausend Kilos.
Beschädigt schleppe ich mich durch die Tage.
Beleidigt verwehre ich meinem Gesicht
das befreiende Lachen.

Die Leichtigkeit
vergangen.
Der Sommer nicht erholsam.
Kein Auftanken.
Gefangen in Trübsinn.
Freude: kein Empfang.

Erste Zeichen von Ruhe
kommen viel zu spät.
Zu Hause fühlt sich an,
als wäre ich nie fortgewesen.

Und doch muss ich jetzt tanzen.
Mit einer Wenigkeit Hoffnung.
Die Beine zunehmend steif,
die Füße ungelenk.
Die Arme lahm.
Die Führung fahrig.
Maskerade.

Verlorener Mut.
Keine Chance auf Erfolg.
Wir werden scheitern.
Und ich mittendrin.

Zum Tanz gereichte Hände
ballen sich zu Fäusten.
Der Reigen muss weichen.
Aus Kunst wird Kampf.
Boxen im Ring.

Die letzte Leichtigkeit gewichen.
Sich fokussieren auf den anderen.
Er tut mir weh.
Mein Blick gefangen.
Scheuklappen.

Ich sehe nicht mehr.
Details ausgeblendet.

Lasse mich ablenken.
Trash Talk und Provokationen.
Bin selbst kein Vorbild.
Auge um Auge,
Zahn um Zahn.

04:47 Uhr.
Wieder weckt mich das Tram.
Ich erwarte es schon lange.
Unter Strom vibrierend,
spüre ich das Bett unter mir nicht.
Ich brauche keinen Wecker mehr.

Dann im 15-Minuten-Takt
rollt der Tag unaufhaltsam näher.
Gedanken jagen mich auf eisernen Schienen.
Mein Herz rast, meine Glieder kalt.
Ich winde mich im Würgegriff.
Keine Ruhe.

Weiß mir zu helfen.
Zum Einschlafen stumpfe ich meine Sinne.
Die nächtliche Jagd.
Eisige Luft und brennende Beine.
Die Gedanken ändern sich nicht,
aber der Körper fühlt.

Erst mal eine Viertelstunde.
Dann eine halbe, schließlich eine ganze.
Verstecken in der schwarzen Nacht.
Ersticktes Lachen.
Der Pfad wird länger und steiler.
Nur wenn es weh tut, kann der Körper da sein.
Ein letzter Schutzwall vor dem Unheil.

Verzweifeltes Trödeln.
Die Morgendämmerung bringt mir den Tag.
Unheilvoller Höllenbote.
Ich hasse dich, Tag!
Nur die Nacht vermag mich zu trösten.
Ihre Vergänglichkeit lässt mich verzweifeln.

Nicht aufhören zu kämpfen.
In die Ecke des Ringes gedrängt,
spüre ich die Schläge von Agent Smith.
Multipliziert in der Matrix.
Unaufhaltsam auf mich einschlagend.

Ich wehre ab und weiche aus.
Um die Sache geht es
schon lange nicht mehr.
Ich erahne, der Preis ist hoch.

Das Denken fällt mir schwer.
Zweifel stürzen sich auf mich
und höhlen mich aus.

Ich kann nicht wirken.
Suche krampfhaft das Wichtige.
Finde es aber nicht.
Nicht hier.
Meiner Sinne beraubt,
entgleite ich mir selbst.
Kann nicht mehr Mensch sein.
Abgestumpft.

Mein Schutzwall ist gebrochen.
Meine Fäuste gesenkt.
Ich wehre mich nicht mehr.
Ungedeckt prasseln die Schläge
von hundert Agenten auf mich ein.
Ich spüre keinen Schmerz.

Entschwinden.

Ich lasse meinen Körper zurück.
Mein Blick schwebt über der Szenerie.
Ich sehe mich im Eck stehen,
die Schläge hinnehmend.
Fühle nichts, höre nichts.

Dieser eine Moment.
Ich sehe es glasklar.
Ich weiß sehr wohl,
was nun zu tun wäre.
Kann mich aber nicht bewegen.
Will auch nicht mehr.
Teilnahmslosigkeit.
Worte ohne Bedeutung.
Farblose Stimmen.
Bleierne Müdigkeit.
Lähmende Erschöpfung.
Und doch schlafe ich nur bis 3 Uhr.

Stirnlampe und Schuhe montiert.
Ich trotte meinen Weg durch die Nacht.
Nur ein Wort.
Hilfe.
Und dann:
fließende Lava.
Wärme.
Wolkenlandung.
Und ein Lächeln in matter Hoffnung.
Wissen.
Heute beginnt etwas Bedeutendes.

Mann über Bord

Das Schiffshorn trompetet durch die Nacht.
Rauch stolziert pompös in den Himmel.
Das Kursschiff auf großer Fahrt.
Steuert entschlossen auf sein Ziel zu.
Lichter in der Nacht,
bereits von Weitem erkennbar.

Musik berieselt das Deck.
Prosecco perlt in zierliche Gläser.
Wie ein schnatternder Schwarm Flamingos
genießen Passagiere ausgelassen und fröhlich.
Sorgloses Zusammensein.
Gemeinsam unterwegs.
Scheinbar wissend.
Was sie wollen.
Und warum.

Ich bin einer davon.
Und doch bin ich es nicht.
Sitze nicht auf dem Kursschiff selbst.
Vielmehr in einem Beiboot zu Wasser,
mit einem Seil am Schiff befestigt.
Ich rudere.
Das Schiff nicht verlieren.
Wieder an Bord kommen.
Wieder Passagier sein.

Wie die anderen.
Das gleiche Ziel anvisieren.

Das Kursschiff pflügt seinen Weg
unbarmherzig durch das Nachtmeer.
Das Seil wird lose.
Ich rudere mit aller Kraft.
Schweiß auf meiner Stirn.
Angst in meiner Brust.
Nicht noch mehr Boden verlieren.
Und doch wird das Seil immer schlaffer.
Ein hoffnungsloses Unterfangen.

Weiß nicht, wie ich hierherkam.
Weder auf das Kursschiff noch in das Beiboot.
Mag beides nicht so recht.
Aber es muss doch der Weg sein,
den es zu gehen gilt?

Schwindende Kraft und Ausdauer.
Mir fehlt zunehmend die Überzeugung.
Das Feuer ist am Erlöschen.
Existenz bedroht.
Dieses Schiff verlieren.
Nicht ankommen.
Mein Körper kämpft,
doch mein Geist wandert.

In Gedanken frage ich mich,
ob es möglich wäre,
dass da auf dem weiten Meer draußen
noch etwas anderes wäre,
was ich als wertvoll erachten könnte.

Land.
Eine Insel vielleicht.
Ein Ziel.
Anders als das Ziel aller anderen.
Aber in meinen Augen
vielleicht schöner und befriedigender.

Gedanken sind frei.
Ich wage zu träumen.
Meine Ruder ruhen.
Einen kleinen Moment nur.
Mein Umfeld wahrnehmen.
Nachtwind spüren.
Den Geschmack des Meeres spüren.
Den Wellengang aufnehmen.
Gischt in meinem Gesicht.
Mein Atem tief.
Den Körper spüren.
Anstrengung.
Frieden auch.

In diesem Moment der sehenden Ruhe
erscheint das, was andere wollen,
zweifelhaft.
Ängste werden bedeutungslos.
Ein Samen der Zuversicht quilt.

Mit besonnenen Ruderschlägen
wende ich mein Beiboot
ab vom Kurs.
Wie um ein Zeichen zu setzen.
Für mich selbst.
Ein nachhaltiger Moment.
Demonstratives Zweifeln.
Posaunen verklingen.
Ich wage zu träumen.
Werde ich wagen, meine Insel zu suchen?

Zombie

Das Haar schütter und zerzaust.
Die Augen ausdruckslos und leer.
Die Unterlippe schlaff hängend.
Der Kiefer schief.
Ein Gesicht im Zerfall.

Die Haltung tief gebückt.
Mit hängenden Armen steht sie da,
die Gestalt im Schaufenster.
X-Beine tragen den Körper nur mit Mühe.
Die Arme zittern sich dem Boden entgegen.
Hände wie knorriges Geäst.
Wurzelige Finger, lang und hager.

Die Gestalt steht nicht im Schaufenster.
Sie ist bloß eine Reflexion.
Ich schaue links, ich schaue rechts.
Ich bin hier allein.
Es muss eine Täuschung sein.
Die Kleider der Gestalt gleichen den meinen.
Aber sie sind ohne Farbe.
Grau und trüb wie abgewetzter Beton.
Die Gestalt im Schaufester
kann ich nicht sein.
Und doch: Ich bin es.

Es überrascht mich nicht,
dass ich nicht gut aussehe.
Nicht heute.
Nicht in diesen Tagen.

Mein Herz pocht.
Ich atme schwer
und tue es doch allein.
Die Gestalt selbst atmet nicht.
Ist einfach da.
Mich graust der Anblick.
Mir ist kalt.
Und doch fühle ich
nichts.
Ich existiere
und existiere doch nicht.
Lebend tot.
Ich bin ein Zombie!

«Nein», brülle ich auf.
Mein Spiegelbild rührt sich nicht.
Und auch seinem Mund entrinnt kein Laut.
Trocken der Hals.
Meine Laute verdorren bei ihrer Geburt.

Gedanken hingegen.
Die kommen und gehen.

Langsam zwar.
Abgehackt.
Verschleppte Worte.
Gesprächsfetzen vom Friedhof nebenan.
Keine Freude.
Auch keine Wut.
Nur tiefempfundene Traurigkeit.
Ich bin nicht mehr.
Oder zumindest lebe ich nicht.

Ich trage meinen Hut heute nicht.
Kann mich nicht erinnern, wann zuletzt.
Trage ihn nur,
wenn es mir gut geht.
Meine Kleiderwahl
derzeit schwierig.
Nichts sagt mir zu.
Letztendlich ist es ohne Bedeutung.
Ich fühle nichts.
Schleppe mich durch den Tag.
Wozu bräuchte ich meinen Hut?
Wozu Kleider, die Lebensfreude versprühen?
Nichts von Belang
für den, der nicht lebt.

Kann meinen Blick nicht abwenden
von dieser düsteren Gestalt.

Doch da ist ein Glitzern in ihrem Augenwinkel.
Eine Träne.
Ganz allein
hebt sie sich ab von der Düsterheit
und schafft es doch nicht.
Aber sie ist da.
Das einzige kleine Lebenszeichen
dieser abstoßenden Gestalt.
Ein Aufschrei von Menschlichkeit,
inmitten von Verfall und Tod.

Passt so gar nicht
zu dieser kränklichen Gestalt.
Genauso wie diese Gestalt nicht zu mir passt.
Träne, was willst du mir sagen?
Wohin habe ich mich gebracht?
Was habe ich alles zugelassen?

Die Träne füllt sich mit der Zeit.
Nunmehr prall, löst sie sich vom Augenrand.
Geradezu vor Kraft strotzend
macht sie sich frei vom ausdruckslosen Auge.
Losgelöst vom Jenseits,
kullert sie über staubige Wangen.
Springt weit ab vom Kinn.
Fliegt.
Fliegt!

Schlägt schließlich auf am Boden.
Geräuschloser Donnerknall.
Unwirklich.

Ein dunkelgrauer Fleck am Boden.
Grau wie die Gestalt.
Ein kleiner dunkler Fleck bloß noch,
erinnert an das Lebenszeichen,
das sich dort ergoss.
Mit traurigen Augen beobachte ich,
wie die Träne versickert.

Ich habe nie zuvor bewusst gesehen,
wie eine Träne versickert.
Nicht so.
Sie spaltet den Boden geradezu.
Ein kleines Stück erst.
Dann mit lautem Getöse
reißt es die Erde richtig auf.
Die Gestalt gerät deswegen ins Wanken.

Und inmitten dieses Risses
gedeiht Leben.
Ein grünes Blatt
bricht durch die Oberfläche
und streckt sich zum Himmel.
Ich kann nicht greifen,
wie lange ich beobachte.

So schnell kann doch nichts wachsen.
Das Blatt so grün,
so strahlend und kraftvoll.
Die einzige Farbe weit und breit.

Bald bildet sich ein Stamm.
Schließlich auch eine weiße Knospe.
Sie öffnet sich
und richtet ihren purpurnen Trichter der Sonne zu.
Die Farbe der Blüte
noch satter und schöner.
Die Blume glänzt wie Sonnenstrahlen im Frühling.
Blendet kraftlose Augen.

Wie durch einen glitzernden Schleier
beobachte ich das Aufblühen der Blume.
Ich kann es sehen,
wenn auch immer matter.
Tränen füllen meine Augen.
Und ich erkenne an meinem Spiegelbild,
meine Augen sind braun.

Tränen kullern über meine Wangen.
Werden von diesen aufgesogen.
Nunmehr straffer und erstarkt.
Meine Haut bräunlich.
Meine Lippen rosig.

Meinen Körper durchströmt spürbare Wärme.
Ich werde mir bewusst, dass ich atme.
Scham und Verwirrung.
Gefühle.
Und zu allem Trotze
ein Lachen.
Ich sehe meinen Mund offen.
Laute gurgeln hervor.
Ein gebrülltes „Nein“!
Was ich im Spiegelbild sah,
will ich nicht sein.
Ich will lachen und atmen.
In Farben denken und fühlen.

Schritt für Schritt
ziehe ich mich da raus.
Finde ich Kraft.
Wissend,
ich werde straucheln,
hier und da.
Hilf mir dann!
Damit ich lebe.

Exit in Sommières

Dunkel das Zimmer, das ich kaum kenne.
Mitten in der Nacht.
Bleierne Sommerhitze.
Offene Fenster lechzen nach frischer Luft.
Die Zikaden sind längst verstummt.
Laute Musik wirbelt von draußen ins Zimmer.
Schlaflos meine Nacht.

Am Tor der Camargue,
wo der Himmel immer in Flammen steht,
und die Luft von Lavendel,
Thymian und Rosmarin singt.
Wo die Geschichte ewig lebt,
und Traditionen erhalten werden.
Ich habe keinen Blick dafür.
Erschöpft und ausgelaugt war ich hier angekommen.
Ruhelos beschäftigt mit was Touristen so tun.

Nun lässt mich auch die Nacht keine Ruhe finden.
Bedrückend ruhig.
Nur diese eindringliche Musik.
Dieses eine melancholische Lied.
Immer wieder.
Ich kenne es nicht,
und doch ist es mir vertraut.

Radiohead wehklagen durch die Nacht.
Romeo und Julia haben einen Plan.
Suchen ewigwährenden Frieden.
Gemeinsam und doch allein.
Die Nacht gehört ihnen.
Unheil naht.

Worte und Musik haben mich längst gefangen.
Wie ein Resonanzkörper
reagiert meine Seele im Gleichklang.
Schwingt mit in tranceartiger Düsterheit.
Ich fühle mich angesprochen.

Will nicht mehr schlafen.
Stattdessen raus an die Luft.
Lasse mich zudecken mit Umarmungen.
Mich führen an den Rand der Klippe.

Heute breche ich auf.
Weg von irgendwo.
Das Lied hält mich warm.
So absurd es mir erscheinen mag.
Die Geschichte fängt erst an.

Barmherzigkeit

Dunkelheit.
Matte Kerzenlichter
erleuchten den Schnee.
Rot.
Golden.
Grabsteine im flackernden Kerzenlicht
offenbaren unlesbare Schriftzüge.

Lauer Atem entschwebt.
Nebelschwaden in der Nacht.
Kälte durchdringt meine Schuhe.
Wintersteife Füße,
mit Kälte überzogene Hände.
Respektfordernde Ruhe
auf dem Friedhof.
23 Uhr.
Es ist Heiligabend.

Ich weiß, wo es ist,
kann das Schild jetzt aber nicht finden.
Eine Smartphone-Taschenlampe hilft.
Skurril an diesem Ort.

Ich lese die Zeichen.
Ein letztes Mal.

Zehn Jahre sind es her.
Schon damals mochte ich die Ahornbäume,
unter denen die Asche verstreut ist.

Schemenhaft erkennbar nun
im Halbdunkel der Nacht.
Ich schaue zu ihnen auf.
Die Bäume strahlen Frieden aus,
aber heute erreichen sie mich nicht.
Aufgewühlte Sinne.
Brennendes Meer
prallt auf schweigsame Felsen.

Ein Windstoß teilt die Nacht.
Schneeflocken werfen sich an mein Gesicht.
Eine Stimme.
Wohlvertraut.
Ich bin nicht überrascht.

«Was bedrückt dich?»
Mutter Maria.
Im Moment tiefster Unrast.
An Heiligabend
findet sie mich.
Wieder.

«Ich suche meinen Weg.»
Zaghaft auf Zehenspitzen

schleichen Worte aus mir heraus.
Es fällt mir schwer.
Suche in der gähnenden Leere
nach Erklärungen und Sinn.
Ich erkenne keinen Zusammenhang
in dem, was ich sage.
Meine Geschichte will sich nicht offenbaren.

Und doch
füge ich Wort um Wort hinzu.
Ich denke nicht nach.
Lasse es kommen.
Ein kleines Bächlein nur.
Mutter Marias Ruhe gibt mir Mut.
Das Bächlein wird zum tänzelnden Bergbach.
Ein Schwall von Worten schließlich,
einem tosenden Fluss gleich.

Ohne zu ermessen,
entblöße ich meine verkümmerte Seele.
Baue keinen Schutzwall.
Wozu auch.
Gehe auf und ab
auf dem dunklen Friedhof.
Über knirschenden Schnee
und glänzendes Eis.

Mutter Maria hört geduldig zu.
Gibt mir Zeit.
Unterbricht mich nicht.
Fragt allenfalls nach.
Versucht zu verstehen.
Bis mein Redefluss schließlich verkümmert
und ich meine Offenheit zu bereuen beginne.

Da breitet sie ihre Arme aus.
Spricht mit ruhiger, fester Stimme.
Nimmt meine verstreuten Worte auf
und formt daraus stimmige Sätze.
Nimmt meine verlorenen Gedanken
und fügt sie zu einer Geschichte.
Vielmehr noch zu einem Gemälde
voller bildlicher Kraft.
Ein vollendetes Ganzes.

Ich folge den Worten wie einem magischen Sog.
Ohne sofort verstehen zu können,
erkenne ich doch die Schönheit des Gemäldes.
Jedes Wort hat seinen Platz.
Jeder Pinselstrich eine vollendete Form.
Farben und Formen.
Ein Meisterwerk.

Jeder Mensch ist anders.
Mit eigenen Talenten und Gaben.

Die machen ihn einzigartig.
Wozu sein wie alle anderen?
Du bist einzigartig.
Deine Talente nicht zu nutzen,
käme einer Verschwendung gleich.

Existieren.
Nichts weniger als eine Chance,
um aus deiner Einzigartigkeit
Sinn zu stiften,
für dich selbst
und möglicherweise viele andere.

Dieses eine Leben bloß
ist dir gegeben,
damit du Raum schaffest
für deine Talente und Gaben.
Damit du Erfüllung findest
und anderen Sinn und Hoffnung bringst.

Du bist etwas Besonderes.
Versuch nicht, zu sein wie alle anderen.
Gib den anderen die Chance,
von deinen Talenten und Gaben zu lernen.

Du kannst es vielleicht noch nicht sehen,
aber du wirst deinen Weg finden.
Geh deine Schritte

mit Überzeugung und Begeisterung.
Umgib dich mit der Positivität,
die es dazu braucht.
Lass dich bestärken.
Weich nicht von deinem Pfad ab.
Bleib bei dir selbst.

Ich fühle, du wirst Außergewöhnliches schaffen.
Aber nicht indem du zu sein versuchst,
was du nicht bist.
Lass dir deine Kreativität nicht nehmen.
Geh deinen Weg,
und du wirst unentbehrlich sein.
So wird es sein.

Mit ihren Armen
umarmt mich Mutter Maria.
Hält mich sanft
in ihrer Barmherzigkeit.
Ich spüre ihre Wärme.
Gefühle von Zuversicht, Heiterkeit und Mut.
Tränen sind Hoffnung.
Fröstelnde Gewissheit.
Auch wenn ich den Weg vor mir
nicht in Einzelheiten sehe,
bestärken mich ihre Worte.
Das Gemälde ist in sich stimmig.

Ich schwanke vor Kälte in meinen Gliedern
und vor Müdigkeit in meinem Geiste.
Erschöpfung lässt mich fallen.
Mutter Maria fängt mich auf.

Meine Zuversicht ist nun greifbar.
Ohne sie jetzt in einen Plan gießen zu können.
Aber sie ist ausgeprägt genug,
dass ich Gewissheit habe.
Diese Zuversicht wird die Nacht
überdauern.

Leben unter Verblichenen.
Heiligabend hat ein Wunder geboren.
Einmal mehr.

ABSCHNITT 3

BEFREIT-SEIN

Nichts sagen, nichts denken.
Einfach da sein.
Ruhig stehen fällt nicht schwer.
Auf einmal passen die Teile zusammen.
Alles erscheint … einfach.
Die Welt bin ich selbst.
Und was wichtig ist,
ist jetzt so unzweideutig.
Dankbarkeit und Zuneigung überall.

Es kommt auf mich an

Hätte sie zu gerne geküsst.
Hab mich nicht getraut,
sie zu fragen,
ob sie meine Gefühle erwidert.

Überwältigt von jugendlichen
Empfindungen,
eingeengt im Korsett der Stummheit,
blieb ich schweigend wie ein Fisch.
Und sie verlor letztendlich ihre Geduld.

In meiner bedeutungslosen Ohnmacht
bat ich Gott,
es für mich zu richten.
Er rührte sich nicht.
Auf mich allein kommt es an.

Traumtänzer
lernen auf die harte Tour.
Wer etwas bewegen will,
muss es selber richten.

Das habe ich seither getan.
Mein Leben verlief auf vielen Bahnen.
Auch wenn ich heute manchmal meine,
alles hätte sich von selbst entwickelt,

so habe ich doch immer
meinen Teil dazu beigetragen.

Habe Sport betrieben.
Wettkämpfe gewonnen.
Na ja, ein paar wenige nur.
Bin an Meisterschaften geschwommen.
Persönliche Bestzeiten aufgestellt.
Mich mit Leistung betätigt und bestätigt.

Großartige Freunde gefunden.
Gemeinsame Erfahrungen durchlebt.
Gelacht und geweint.
Und auch wenn man sich heute nur selten sieht,
sind meine Gedanken doch oft bei ihnen.
Freundschaft für ein Leben.

Habe später andere Mädchen geküsst.
Glücksmomente geteilt.
Lebenspartner gefunden.
Verbundenheit und tiefe Freundschaft.

Habe irgendwie eine Familie begründet.
Bin Pate einer Weltenbummlerin
und eines Eishockey-Champions
im Tal der heulenden Winde.
Laienschauspieler geblieben.
Trotzdem Wegbereiter geworden.

Eine Ausbildung abgeschlossen.
Einen Job gefunden und Geld verdient.
Viel Zeit auf Flughäfen verbracht,
beeindruckt und gelangweilt zugleich.
Unterfangen gestaltet oder gedreht.
Manchmal andere inspiriert.
Oft auch nicht.

Bin in Bewegung geblieben.
Habe vieles ausprobiert.
Immer fit geblieben,
ohne asketisch leben zu müssen.

Wenn ich zurückschaue,
kann ich heute sagen,
ich habe vieles bewegt.
Und doch war ich selten zufrieden.
Ich hatte mehr erwartet von mir.

Irgendwann kriegt jede Mauer einen Riss.
Oft merkt man es nicht sogleich.
Denn alles ist in Bewegung und schwingt.
Aber ein Riss im Leben geht nicht von selbst zu
und lässt sich selten flicken.

Mein erster Riss warst du,
mein lieber Verrückter.
Deine Reise war angekündigt.

Hatte es trotzdem nicht begriffen.
Beinahe hätte ich gelächelt
in den Highlands.
Es war so unwirklich.
Du warst einfach nicht mehr.
Von jetzt an würde alles anders sein.
Und ich denke an verpasste Gelegenheiten.

Auch weitere Risse
würde ich nicht verstehen.
Nicht beabsichtigte Spaltungen.
Scheinbar unumkehrbar.
Dunkle Schatten über einem Herz.
Seit wann muss man an einer Krankheit sterben?
Der Boden, den der Kauz uns unter den Füßen wegzog.
Manchmal will man dich einfach nicht mehr.
Die Kobolde auf der Jagd nach dem Sonnenschein.
Ich vermag dich nicht aufzufangen.
Die schleichende Schwächung.
Kein Wenden auf Einbahnstraßen.
Die Erkenntnis, dass ein Hemd nicht mehr passt,
weil ich nicht mehr der bin,
der ich meinte zu sein.

Ein Tuch aus dunkler Seide
flattert ohne Mühe im Wind.
Pflückt sich frech meinen Blick.
Senkt sich schließlich herab

und deckt sanft mein Gesicht.
Ich winde mich etwas unbeholfen
und suche nach neuem Atem.
Auf mich allein kommt es an,
und doch vermag ich es nicht zu richten?

Das Tuch fällt ab.
Sonnenstrahlen blenden mich.
Eine weiße Taube entspringt dem Licht.
Mit anmutigen Flügelschlägen
fliegt sie auf mich zu.
Setzt sich auf meine Hand,
mit einer Botschaft um ihren Hals.

Meine Lippen formen die Worte,
ohne sie aussprechen zu können.
Stimmbänder steif.
«Es hängt nicht allein von dir ab.»

Ein paar Worte bloß.
Die Bedeutung wird greifbarer.
Es wird mir schließlich klar,
auch wenn es auf mich ankommt,
so kann ich doch nicht alles richten.
Es hängt nicht allein von mir ab.

Risse entstehen,
Menschen kommen und gehen.
Wir behalten sie im Herzen, wenn wir wollen.
Das Schicksal nimmt seinen Lauf.
Und manchmal braucht man auch Glück.
Ausschlaggebend ist,
dass es auch auf mich ankommt.
Ich kann etwas bewegen.
Ob mein Tun Erfolg haben wird,
liegt letztendlich nicht nur an mir.
Also warum unzufrieden sein?

Eine Taube gurrte es mir ins Ohr:
Ich darf zufrieden und gelassen sein.

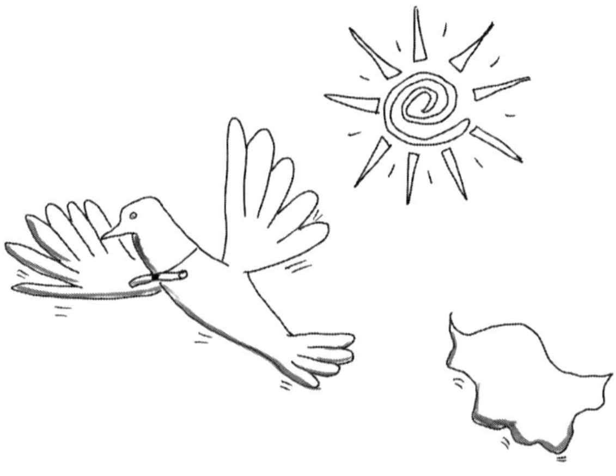

Camino Real

Gehen.
Ziele erreichen.
Oder auch nicht.
Immer weiter.
Nicht stehen bleiben.

Stattdessen stehen.
Sehen.
Fühlen.
Sein.
Existieren.
Tut gut.
Wert-voll.
Harmonie.

Aber auf Dauer
kommt Leere.
Hirnzellen verabschieden sich.
Das Sehen wird trüb.
Das Fühlen stumpf.
Stehenbleiben verkommt auf Dauer zu
sterben.

Nicht stehen bleiben!
Stattdessen
weitergehen!

Ziele
motivieren.
Nordstern.
Geben Energie.
Mobilisieren.
Schaffen Einigkeit.
Helfen, den inneren Schweinehund zu bekämpfen.
Voranschreiten.
Auch ich orientiere mich an Zielen.
Und wenn man dann das Ziel erreicht hat.
Happiness!
Adrenalin.
Glückseligkeit!
Sinnhaftigkeit.
Für einen Moment.
Nur für diesen einen.

Man lebt nicht vom Erreichten allein.
Nicht von der Vergangenheit.
Sondern vom nächsten Schritt.
Unmittelbarkeit.
Nicht das, was bleibt.
Nicht das, was ist.
Vielmehr das, was wird.
Der Moment, der kommt.

Weg.
Ohne Weg kein Ziel.
Wer keinen Weg geht,
kommt nirgends an.
Ohne Ziel kein Weg.
Wer nichts will,
macht keine Schritte.

Glückseligkeit verbirgt sich im Weg.
Jedoch nicht Autobahn.
Nebenpfade.
Mit Ablenkungen.
Kreuzungen.
Unwägbarkeiten.
Hindernisse.
Unebenheiten.
Steine unter den Schuhsohlen.
Baumwurzeln.
Erde.
Feuchtigkeit.
Glitschig.
Dreck.
Schlamm.
Versinken.
Sich befreien.
Gras.
Tannzapfen.

Lose Äste.
Moos.
Umgestürzter Baum.
Einen anderen Pfad finden.
Ausweichen.
Drübersteigen.
Umkehren.
Klettern.
Dreck unter den Fingernägeln.
Ergreifen.
Hochziehen.
Halt finden.
Weg.
Gehen.
Licht.
Offen.
Wind im Haar.

Mit all dem umgehen.
Neue Möglichkeiten erforschen.
Ausprobieren.
Nicht verzweifeln.
Lernen.
Schmunzeln.
Lachen.
Weinen manchmal auch.
Lösungen entdecken.
Gestalten.

Es ist der Weg,
der für mich zählt.
Der mein Leben lebenswert macht.
Aber nicht irgendein Weg.
Der richtige.
Der nur für mich passt.
Camino Real.

Auf zum nächsten Moment.
Ich komme!

Jetzt

Die Segel sind gesetzt.
Flatternd füllen sie sich mit Wind.
Das Schiff nimmt geräuschvoll Fahrt auf.
Erst langsam,
dann stark beschleunigend
in endorphiner Schräglage.
Wellen brechen knatternd unter dem Bug.
Gischt und Wasser springen kreischend auf.
Mein Gesicht nimmt die volle Ladung.
Kaltes Meerwasser und salziger Fahrtwind.
Möwen jauchzen Beifall.
Ich vergesse zu atmen.

Im Jetzt
empfinde ich Gelassenheit.
Eine unanständige Zufriedenheit.
Ein Lächeln umspielt meine Lippen.
Ein Gefühl von tiefster Zuversicht.
Ich ruhe in mir selbst.
Befreit von allen Hemmnissen.
Stilles Lachen.
Freiheit.

Aufflackernde Erinnerungen
an das Gestern.

Da war kein Wind.
Dümpeln im stinkigen Wasser.
Tote Fische mit faulenden Köpfen.
Kein Weiterkommen
unter der sengenden Sonne.
Zurückgebunden
verkümmern Ideen ungenutzt.
Ungeschliffene Äxte stumpfen ab.
Hamsterräder drehen
tausendfach.
Ein markerschütternder Ruf
trägt weit über verdorbenes Wasser.
Ungehört.

Die letzten anderthalb Jahre waren für die Katz?
Es bewegt mich nicht.
Muss es nicht kommentieren.
Wir wissen beide genug.
Du musst da durch,
allein.
Ganz anders ich.
Erkenntnisse gewonnen.
Verstanden.
Habe meinen Möglichkeiten Namen gegeben.
Gehandelt.
Mich gelöst.

Mich frei gemacht von eurem Denken.
Mich auf meine eigenen Stärken besonnen.
Die für mich richtigen Schritte unternommen.
Ich trauere nicht nach.
Wie könnte ich auch.

Kreisende Möwen erkennen von weit oben
viel besser als wir hier unten.
Höhlen sind immer dunkel
und bedrückend.
Aber irgendwo da draußen
ist das Sonnenlicht.
Nur für denjenigen, der hinschaut
und der sich draußen finden lässt.

Tatsächlich muss man zuerst
in den Spiegel schauen.
Mit dem Finger auf das Spiegelbild zeigen.
Die Verantwortung selbst übernehmen.
Die Wahrheit zeigt sich nur dem Unermüdlichen,
der mit schmutzigen Händen nach ihr gräbt.
Die Wahrheit ist keine Schönheit,
aber oft verblüffend einfach.
Und wer ihren Anblick ertragen kann,
für den öffnen sich die richtigen Türen.
Schritt für Schritt.
Zeit ist relativ.

Steuerbord voraus
ist der Weg unberührt und offen.
Endlich
sehe ich wieder den Horizont.
Kann meinen Kurs gestalten.
Kreativ und bewusst.
Und jetzt habe ich ein Rendez-vous,
wo Himmel und Meer zusammen lachen.

Magische Momente

Wenn Herzen frieren,
denken an Momente,
die mich aufwachen ließen
aus einem Schlaf,
der keiner war.

Momente, die mich berührten,
mich gefangen genommen hatten.
Mit Kraft oder Feinfühligkeit.
Momente, die mich veränderten.

Einige waren nicht zu übersehen.
Andere hatten sie für mich kreiert.
Ich konnte mich ihnen nicht entziehen.
Ihr Zauber war offensichtlich.
Botschaft eintätowiert.

Am Straßenrand in Miami.
Das Quartier ist übel.
Mein Flug in zwei Stunden.
Der Tank ist leer.
Die Gesellschaft verspricht nichts Gutes.
Ein Engel mit Benzinkanister.
Er fragt mich nicht.
Füllt etwas nach.

Der Motor springt an.
Mein Engel schon wieder weit.
Suchte keinen Dank
und schon gar kein Geld.
Hat mich gerettet,
weil es so sein sollte.
Hätte ich das auch getan?

Ein enthusiastischer Lehrer
bringt uns Prévert näher.
Um einen Vogel malen zu können,
muss er aus freien Stücken kommen
und dann ebenso freiwillig bleiben.
Und erst wenn er schließlich singt,
ist das Bild perfekt.
Die Liebe lässt sich manchmal Zeit,
aber wenn man sie lässt,
dann wird sie kommen
und bleiben.
Mut und Hoffnung nie aufgegeben.
Magie ist das, was man sieht.

Die Umgebung klinisch.
Der Moment nicht von dieser Welt.
Sie liegt in meinen Armen.
Ihre Gesichtszüge rein
und die Wimpern lang.
Ein Geschenk des Universums.

Keine Worte werden ihr gerecht.
Und es muss nichts gesagt werden.
Mit aller Demut weiß ich,
dass ich für ihr Wohl jederzeit
mein Leben eintausche.

Andere Momente viel zu leicht zu übersehen.
Waren einfach so da.
Erkennen bedeutet Arbeit.
Man entzieht sich ihnen zu leicht.
Ihre Kraft ist feingliedrig.
Ein gehauchter Kuss auf die Wange.
Haben mich umso mehr gefangen
mit ihrer eigenen Mystik.
Meinen Tag verändert,
Mut für viele weitere Tage geschenkt.

Die Autofahrt unter der Abendsonne
über die gottlosen Hügel der Toskana.
Einaudi herzt formvollendete Landschaften.
Der Fuchs überquert leichtfüßig die Straße.
Schweigen in tiefster Andacht.
Das Schicksal
hat diesen Moment geschaffen.
Er hält bis heute.

Aufgehende Sonne über Ornans.
Sitzen auf der Roche du Mont.

Müde und nunmehr entspannt
nach nächtlicher Wanderung.
Über Stunden entwickelt sich das Geschehen
und verharrt in diesem Moment.
Nirgendwo sonst
möchte ich jetzt sein.
Der Moment bleibt.

Der Wettkampf in der Endphase.
Meine Position an der Spitze
alles andere als günstig.
Aber die Zielgerade kurz.
Komme ich als erster in die Kurve,
gewinne ich.
Noch heute weiß ich nicht, warum
ich Ruhe bewahrte und sitzen blieb,
und somit kein Warnsignal gab.
Sie wähnten sich in Sicherheit
und ließen mich gewähren.
Ich ließ mich nicht bitten.
Magische Intuition.
Ewige Quelle des Vertrauens.

Und dann denke ich an all die Zeit,
in der ich nicht da war.
Von A nach B hetzend.
Auf dem Weg nach Irgendwo.
Höchste Dringlichkeit.

Wichtige Dinge.
Rückblickend allesamt bedeutungslos.
In all dieser Zeit
hatte ich keine Geduld
für den magischen Moment,
der sich mir geboten hätte.

Der Betrunkene,
der meine Hilfe benötigt hätte.
Die Wegsuchenden,
die benötigten, was ich kannte.
All die wunderbaren Eigenwilligkeiten der Natur.
Das Schweigen der Menschen,
an denen ich vorbeiging.
Und all die Lächeln,
die mich nicht fanden.

Schließlich steigt Angst in mir auf
ob all der verpassten Magie.
Mag Trost ich finden
in der Feststellung,
dass in meinem Leben kürzlich
magische Momente sich merkwürdigerweise häufen.
Weil ich mehr da bin,
wo ich sein will.
Weil ich mir selbst ein Geschenk bin.

Magie war immer da in meinem Leben.
Auch wenn ich mich ihr lange verschloss.
Wie gerne lasse ich mich gefangen nehmen
im Zaubertuch.
Das Leben ist jetzt.
Mein Lächeln Reflexion des gelebten Moments.
Magie ist überall.

Schau mich an

Schnaubend trabe ich voran
mit befreiten Schritten.
Schau mich an.
Meine Mähne weht lustig im Wind,
und mein Mund schäumt gespannt.

Mein inneres Auge nimmt dich wohl wahr.
Dein Sitz ist ruhig und entspannt,
deine Hände beständig und mit Zug.
Schau dich an.
Heute muss ich dich nicht retten.

Dein Körper auf meiner Wirbelsäule.
Leichter als auch schon.
Blick klar zum Ziel.
Deine Beine fest an meiner Brust.
Stimmige Bewegungen.

Heute weißt du, was du willst.
Ich verstehe, wonach du suchst.
Bin bereit, es dir zu geben.
Ich traue dir nicht recht,
aber ich fühle mich doch gut.

Ich sehe deine Gerte.
Sie macht mir heute nicht Angst.
Du willst mir etwas sagen
und berührst mich doch kaum.

Mein Abschnauben überrascht auch mich selbst.
Ich fühle mich – zufrieden!
Meine Gedanken sind hier bei dir.
Unerreichbar die Qualen und Demütigungen von einst,
die Schmerzen und Ängste.
Diesen einen Moment kann ich mit dir tanzen.
Ich weiß, du nutzt es nicht aus.

Nur kurz der Gedankenblitz.
Das Bild von einem saftigen Apfel.
Ich weiß, du wirst mich heute belohnen.
Ungeschickt wie du bist,
Stücke zu groß
oder viel zu klein.
Wann, sag mir doch, wann?

Da, dein Lob!
Überzeugend und echt.
Deine Stimme ruhig und fest.
Vertrauensvolle Hände.
Ich schnaufe tief.
Entspannung.
Mein Kopf an deine Schulter gepresst.

Schau uns an.
Heute sind wir Freunde.

Ich halte Ausschau.
Irgendwann muss er doch kommen?
Endlich ist deine Hand reich.
Du gibst ihn mir
ganz.
Zu groß, der Apfel.
Wie töricht.
Da liegt er nun auf dem Boden.
Egal. Heute sind wir gut.

Ich sehe dich

Geschichten.
Das Leben schreibt keine.
Die Welt, wie wir sie sehen.
Wege, die wir gehen.
Abzweigungen, die wir wählen.
Entlang des Weges
Begegnungen.
Intensiv und interessant,
belanglos und überflüssig.
Doch sie prägen uns alle.
So, wie wir sie sehen.
Wir schreiben die Geschichten.

Ich erinnere mich an dich.
Du warst so jung,
deine Augen lebhaft.
Deine Stimme immer schamlos zu laut.
Deine belehrende Meinung immer die einzige, die zählt.
Du hast mir nie zugehört.
Ich dir aber viel zu oft.
Irgendwann habe ich dichtgemacht.
Ich mochte dich nicht.

Heute sehe ich dich
zum ersten Mal.
Es gibt kein Gestern und kein Morgen.
Und gäbe es etwas nachzusehen,

so habe ich es grade getan.
Ich sehe dich zum ersten Mal.
Du bist schön.

Ich erinnere mich an dich.
Du warst schon immer alt.
Dein Leben treu in Diensten von anderen.
Dein Wort sanft und entscheid-gewaltig.
Wir haben Ost und West geteilt.
Hinterher versteht es keiner mehr.
Die Narben sieht man nicht.

Heute sehe ich dich
zum ersten Mal.
Es gibt kein Gestern und kein Morgen.
Und gäbe es etwas nachzusehen,
so habe ich es grade getan.
Ich sehe dich zum ersten Mal.
Du bist schön.

Bäume und Wiesen fliegen an mir vorbei.
Der Zug gleitet mit schrillem Signal dahin.
Die Sonne wärmt mein Gesicht
und blendet mich frech.
Ich schließe meine Augen und wende mein Gesicht ab.
Die Wärme auf meinem Gesicht klingt ab,
und ich öffne meine Augen wieder.
Schräg gegenüber nehme ich sie wahr.

Mein Blick ist unerklärlich gefangen.
Ihre Finger streicheln sachte ihren Unterarm.
Ihr Blick ruht in der Ferne.
Wo mögen ihre Gedanken wohl sein?
Der Seufzer ist kaum hörbar.
Ihre Gedanken kehren zurück.
Unsere Blicke entdecken sich in dieser Welt.
Sie lächelt heiter.

Heute sehe ich dich
zum ersten Mal.
Es gibt kein Gestern und kein Morgen.
Und gäbe es etwas nachzusehen,
so habe ich es grade getan.
Ich sehe dich zum ersten Mal.
Du bist schön.

ICH entscheide, wie ich dich sehe.
Und es fällt mir unverschämt leicht.
Nicht nur du wirst mich prägen.
Ich präge auch dich.
Wie viele Begegnungen habe ich noch gut?
Mein Herz ist rein,
und meine Zeit ist voller Wert.
Ich wähle meinen Weg
und überlasse keine Abzweigung dem Zufall.
ICH entscheide, was ich sehe.
Ich schreibe meine Lebensgeschichte.

Papillon

Es fliegt mit mir.
Alles ist so leicht und katzenfellig.

Gerade noch war mein Körper so müde und schwer.
Meine Gedanken so matt wie bleierne Sommerhitze.
Mein Atmen so bedrängt und eingeengt.
Doch dann, aus dem Nichts heraus,
hat sich alles wundersam verändert.

Jetzt ist mein Atmen füllig,
und mein Denken ist frei.
Mein Körper so leicht wie eine Feder.
Ich spüre ihn gar nicht mehr.

Meine Gedanken sind Flügel und Beine.
Ich denke an den blauen Himmel,
und schon hebt es mich hoch in die Lüfte.
Der Wind ist angenehm warm und fröhlich.
Ich sehe Blumen, viele Blumen.
Ihre Farben sind bunt und kräftig.
Und wie herrlich sie duften!

Etwas streichelt meine Wange.
Ich schaue nach rechts und drehe mich fließend.
Ein Bussard schaut mich an und grüßt mich lustig.
Er umkreist mich lufttanzend.
Ich folge seinem Blick über Land und Fluss.

Weit unten erkenne ich dich.
Wie schön, du bist da!
Du gehst allein
und zögerlich, wie mir scheint.
Ich sehe dich traurig, mein Sohn.
Das musst du nicht sein.
Nicht wegen mir.

Schau, mir geht es so gut.
Ich bin wohl und wendig in meiner Haut.
Es bewegt mich leicht wie nie zuvor.
Ich kann so vieles sehen von hier aus.

Und hier bin ich nicht allein.
So viele liebe Gesichter um mich herum.
Sie strahlen mich beschwingt an.
Ich freue mich so sehr, sie wiederzusehen.
Fühle mich nicht mehr einsam.
Da gibt es nun so vieles zu erzählen.
Ich zerplatze fast,
so aufgeregt bin ich jetzt.

Du darfst deinen Weg gehen.
Nichts hält dich zurück.
Es war unser Geschenk an dich.
Nimm es, mein Sohn.
Genieße es in vollen Zügen.

Und wenn ich darf,
komme ich dich gerne besuchen,
so von Zeit zu Zeit.
In deiner Nähe umfliege ich dich.
Setze mich auf deine Schulter
und höre dir zu.

Geh deinen Weg.
Sei frei von Sorgen und Zurückhaltung.
Wissend, dass ich zu Hause angekommen bin.
Wir werden uns wiedersehen.
Lass dir Zeit.

Leben

Plätscherndes Rauschen.
Wellen, die sich katzenhaft
an die Küste schmiegen.
Gemächlich rhythmisch.
Die Morgensonne wirft glänzende Sonnenstrahlen
über die Wellen
und lässt sie wie glatte Schiefersteine lustig springen.
Ein Delfin springt weit draußen im Meer,
als ob er mich von weitem grüßen möchte.

Ich spüre das Salz auf meinen Lippen,
meine Augen brennen schwach.
Ich treibe schwerelos im Meer,
und doch haben meine Füße den Grund nicht verloren.
Feiner Sand dringt zwischen meine Zehen.
Alles ist weich und fließend.
Ein Ort wie aus einem Traum.

Jeder Ort ist anders.
Hat seinen eigenen Geruch,
seinen persönlichen Sound.
Jeder Ort schenkt ein Gefühl,
wie nur er selbst es anzubieten vermag.
Die Sonne ist anders,
auch wenn es nur die eine gibt
und nur die eine Erde.

Ich denke an andere Orte,
die ich in meinem Leben gesehen habe.
Bin in Tälern und Hügeln geboren.
Habe Berge und Schnee erkundet.
Bin durch Wiesen und Wälder gewandert.
Habe in Seen und Meeren geschwommen.
Habe in Städten und mit ihren Menschen gelebt.

In dem Moment bin ich mir bewusst,
dass mich all diese Orte geprägt haben.
In meinem Denken und Fühlen.
In meinen Suchen wie auch im Finden.
Sie ließen mich jagen,
und sie erlaubten mir ebenso zu flüchten.
Sie gaben mir Raum,
meine Freiheit zu finden.
Auf der Suche nach mir selbst.

Hätte ich nur einen dieser Orte ausgelassen,
was würde mir heute fehlen?
Oder wäre ich stattdessen gar vollständiger?
Ich fühle das frische Meerwasser durch meine Finger gleiten,
und es bedrängt mich der Gedanke,
wie ich als Mensch wohl geworden wäre,
wäre ich hier an diesem einen Ort aufgewachsen.
Hätte ich hier gelebt, geliebt und gewirkt.
Wäre ich heute ein anderer Mensch?
Würde ich mein Leben als wertvoller empfinden?

Der Wind trägt diese Fragen fort.
Statt einer Antwort treiben meine Gedanken
zu den denkbaren Orten,
die wohl noch kommen mögen.
Welche mögen es denn sein?
Unangebracht, vielleicht, sich dessen gewiss zu sein.
Gar so viele können es auch nicht mehr sein.
Bestimmt aber werden auch diese mich prägen.

Mich dürstet danach,
zu wissen und zu erfahren.
Da gibt es noch so vieles,
was ich sehen möchte,
was ich erfahren möchte.

Doch wie ernst ist es mir dabei wirklich?
Meine Ungeduld ist gebremst.
Gerade jetzt empfinde ich viel Ruhe.
So viel Frieden liegt in diesem Moment,
wo die Sonnenstrahlen mein Gesicht betanzen.

Es erscheint alles so leicht.
Alles ist gerade so was von gut.
Alles ist … im Reinen.
Da gibt es keine Furcht in mir drin.
Es gibt einzig Zuneigung.
Zuneigung zu mir selbst
wie auch zu all dem, was mich umgibt.

Tief in mir drin weiß ich es in diesem Moment.
Wenn jetzt kein Tag mehr
zum heutigen dazukommen würde,
wenn jetzt meine Geschichte ihr Ende finden sollte,
dann wäre es unzweifelhaft annehmbar.
Ich brauche nicht mal nachzufragen.
Die Gewissheit erschreckt mich kaum.

Aber es muss ja nicht gleich so sein.
Denn da, wo das Müssen aufhört,
da kann das Dürfen beginnen.
Und deshalb umso mehr,
mit voller Brust und vollem Herzen:
jetzt leben!

Ein Delfin reitet mit den Wellen
auf das offene Meer hinaus.
Frei von allem.
Nichts hält ihn zurück.
Jauchzende Freude trägt ihn voran.
Und dieses Lächeln in seinem Mundwinkel.